NATHALIE,

ou

LA LAITIÈRE SUISSE,

BALLET EN DEUX ACTES,

Par M. Taglioni,

MUSIQUE DE MM. GYROWITZ ET CARAFFA;

Représenté pour la première fois
sur le théâtre de l'Académie royale de Musique,
le 7 novembre 1832.

PARIS.

D. JONAS, LIBRAIRE
DE L'ACADÉMIE ROYALE DE MUSIQUE,
RUE DE ROHAN, N° 24.
1832

NATHALIE,

BALLET.

Yth
125/70

Décors de M. Ciceri.

IMPRIMERIE DE E. DUVERGER,
RUE DE VERNEUIL, N° 4.

NATHALIE,

ou

LA LAITIÈRE SUISSE,

BALLET EN DEUX ACTES,

Par M. Taglioni,

MUSIQUE DE MM. GYROWITZ ET CARAFFA;

Représenté pour la première fois
sur le théâtre de l'Académie royale de Musique,
le 7 novembre 1832.

PARIS.

D. JONAS, LIBRAIRE
DE L'ACADÉMIE ROYALE DE MUSIQUE,
RUE DE ROHAN, N° 2 J.

1832

ACTE PREMIER.

....

Danse.

Pas d'ensemble de jeunes Villageoises.

Mlle Taglioni et
Mmes Aline, Bénard, Pérès, Ropiquet, Marivin, Danse, Auguste, Robin, Keppler, Lebau, Bassompière, Guichard.

Pas de trois Villageois.

M. Daumont, Mlle Noblet, Mme Dupont.

Pas de deux Villageois.

M. Perrot, Mlle Duvernay.

Pas d'ensemble des Paysans.

M. Leblond, Mlle Leroux et

MM. Adenet, Cornet, Mérante, Louis-Petit, Olivier, Lenfant, Grakowski, Coraly, Kaifer, Scio, Josset, Begrand.

Mmes Mori, Delaqui, Cava, Saulnier, Lacroix, Leclerc, Fitzjames 2e, Guillemain, Colson, Aimé-Petit, Sauriot.

Enfans Villageois.

MM. Adrien, Dort, Mérante, Paul, Mabille, Eugène, Armancey, Alexandre.

Mlles Mélani, Dumilatre, Julia, Euphrasine, Fitzjames 3e, Albertine, Blangi, Carrez.

Chevriers.

MM. Monnet, Ragaine, Gondoin, Prévost.

Paysannes servantes.

Mlles Jenny, Pierson 1re, Pujole, Pierson 2e.

Petits Chevriers.

MM. Henri, Huguet; Mlles Baptiste, Victorine, Saulnier 3e, Elise.

Chasseurs.

MM. Grenier, Callaut, Faucher 1er, Chatillon, Faucher 2e, Milot.

ACTE DEUXIÈME.

Danse.

Pas de deux.

M. Émile, Mlle Taglioni.

Pas d'ensemble.

MM. Simon, Élie; Mme Élie, Mlle Leroux et

Tout le monde du premier acte.

Personnages.	Acteurs.
MILORD REWENA.	M. MONTJOIE.
MILADY REWENA, son épouse.	Mᵐᵉ ROLAND.
OSWALD, son frère.	M. MAZILLIER.
BETTEMBERG, fermier de milord Rewena.	M. MÉRANTE.
CHARLOTTE, sa femme.	Mᵐᵉ ÉLIE.
HENRIETTE, } leurs filles.	Mˡˡᵉ LEROUX.
NATHALIE, }	Mˡˡᵉ TAGLIONI.
KARLL, fiancé à Henriette.	M. SIMON.
WALTHER, confident d'Oswald.	M. DESPLACES.
ZUG, chevrier, parent de Bettemberg.	M. ÉLIE.

CHASSEURS, PIQUEURS, VILLAGEOIS, VILLAGEOISES, MUSICIENS.

La scène se passe en Suisse dans les propriétés de milord Rewena.

NATHALIE,
BALLET.

ACTE PREMIER.

Le théâtre représente, sur l'avant-scène, une ferme. A droite, est l'entrée principale du logement du fermier, qui fait suite aux étables si renommées en Suisse. Vis-à-vis un pavillon très élégant, que milady Rewena a fait bâtir pour le rendez-vous de chasse de son époux. Le fond de la scène découvre un site riant et pittoresque de la Suisse.

Au lever du rideau, le jour commence à paraître; on aperçoit sur les montagnes des chevriers conduisant leurs troupeaux au pâturage, et des villageois allant gaîment à leurs travaux.

Scène j.

Au bas de la scène le fermier Bettemberg sort de chez lui, rendant hommage à la Providence en voyant le beau jour qui se prépare; il en jouit d'avance, mais il s'étonne d'être le premier hors du logis et de n'apercevoir encore aucuns préparatifs pour le travail de la journée; il appelle dans les écuries, chez lui, partout, avec colère. Aussitôt se montrent des garçons de ferme traînant des brouettes; d'autres apportent des instrumens de labourage, d'autres enfin mettent tout en ordre et balaient le devant de la ferme.

Scène ij.

Des femmes sortent de la vacherie avec des seaux de lait qu'elles apportent dans la ferme; toute la scène est dans un mouvement général.

Le fermier gronde, donne des ordres à l'un et à l'autre; l'aînée des filles, Henriette, paraît, suivie de plusieurs paysannes attachées à la ferme qui viennent prendre ses ordres. Après avoir embrassé sa fille, il leur dit de porter le lait aux maisons habituelles des environs.

Scène iij.

Henriette va pour partir; mais Karll, son fiancé, arrive plein de joie et d'impatience de voir sa bien-aimée; il s'approche de Bettemberg, lui donne le bonjour et lui demande la permission d'offrir son bouquet à sa fiancée, enchantée de cette marque de tendresse; le fermier le lui permet, mais ensuite il leur ordonne d'aller tous deux vaquer à leurs occupations, ce qui est exécuté à la minute.

Scène iv.

Nathalie arrive, traînant après elle sa petite brouette: aussitôt qu'elle aperçoit son père, elle court l'embrasser. Bettemberg fait voir qu'il a quelque préférence pour celle-ci. Après avoir regardé son lait et les jolies fleurs qu'elle a cueillies pour sa marraine, milady Rewena, il lui recommande de revenir le plus tôt possible; elle prend le chemin du château, promettant d'être de retour dans peu de temps.

Scène v.

Plusieurs paysans attachés à la ferme arrivent avec empressement; Bettemberg leur reproche de n'être pas venus plus tôt, et les blâme du peu d'activité qu'ils déploient dans leurs travaux; ceux-ci s'excusent de leur mieux et entrent dans l'étable.

Scène vj.

Voici la fermière suivie des servantes de la ferme, portant de grands paniers; elle dit à son mari qu'elle va les accompagner aux champs pour veiller aux travaux et leur faire la distribution du déjeuner.

Le fermier la remercie. Les derniers paysans entrés dans les étables en sortent ayant sur des crochets de grands fromages qu'ils ont ordre de porter à différens marchés.

Scène vij.

Au moment où Bettemberg est sur le point de partir avec tout le monde pour les champs, Zug arrive, il cherche Nathalie; ne la voyant pas avec ses parens, il la demande. Charlotte lui dit que sa fille est allée au château, comme de coutume.

Bettemberg, pour faire trêve à ce badinage, ordonne à son imbécile de parent de remporter promptement ses marchandises et de s'en retourner bien vite. Chacun sort de son côté.

Scène viij.

Le jeune Oswald, frère de milord Rewena, arrive suivi de Walther son confident; le premier regarde attentivement du côté du château, comme espionnant l'arrivée de quelqu'un; après quelques instans il se cache avec Walther parmi les arbres et les buissons. Aussitôt Nathalie paraît avec sa brouette vide, rentrant au logis toute joyeuse.

Scène ix.

Oswald court à elle; à cette apparition subite, Nathalie reste interdite; mais voyant qu'il se dispose à la suivre, elle abandonne sa brouette qui barre le passage à Oswald et à Walther et lui laisse ainsi le temps de gagner sa demeure avant qu'ils puissent l'atteindre.

Oswald franchit ce léger obstacle et arrive au moment où Nathalie ferme la porte de la ferme.

Scène x.

Oswald exprime à son confident tout l'amour qu'il éprouve pour Nathalie, et s'étonne de lui trouver des sentimens si éloignés de ceux qu'il a pour elle. Une idée lui vient, et après s'être assuré de la discrétion de Walther, il lui dit qu'il compte sur son adresse pour enlever la charmante Nathalie. Walther refuse d'abord, mais la vue d'une bourse remplie d'or le détermine à se soumettre à fidélité. Oswald, heureux, va pour lui expliquer son projet, lorsque Walther, voyant quelqu'un s'approcher, engage Oswald à s'éloigner, dans la crainte qu'on ne les voie ensemble; ils sortent avec précaution en retournant au château.

Scène xj.

Zug revient du marché tout essoufflé, marchant avec vitesse; la brouette de Nathalie qu'il aperçoit le rend tout joyeux, parce qu'il soupçonne qu'elle n'est pas éloignée; il la cherche, et ne la trouvant pas il s'empare de la brouette et la roule jusqu'à l'étable. A ce moment la jeune Nathalie paraît sur le seuil de la porte, regardant avec crainte si Oswald est encore là.

Scène xij.

Zug, en la voyant, court à elle; il lui fait de tendres reproches sur sa froideur et sur ses refus. Nathalie se rit de ses sermens d'amour et de la douleur qu'il éprouve, ce qui la divertit encore davantage; elle finit cependant par le calmer en dansant avec lui.

Scène xiij.

Walther arrive de la ferme au même moment que Bettemberg et sa femme reviennent des champs avec Henriette leur fille. Tout le monde entoure Walther, qui leur annonce que milord Rewena, son épouse et une partie de leurs amis, doivent chasser dans les environs, et qu'ils ont l'intention de déjeuner au pavillon avant le départ de la chasse.

Le fermier et la fermière sont ravis de cette nouvelle, et assurent que dans peu d'instans tout sera disposé pour bien les recevoir.

Walther retourne au château après avoir tout observé. Le fermier et sa femme donnent des ordres pour que l'on se prépare à fêter leurs seigneurs. Bettemberg dit à plusieurs paysans de la ferme d'aller assembler le village; Henriette, avec les servantes, dispose le pavillon pour le déjeuner.

Nathalie est allée avertir toutes les jeunes filles

ses compagnes, pour se rendre au-devant de sa marraine.

Zug et Karll se proposent d'aller chercher les ménétriers du canton pendant qu'ils vont mettre leurs habits de dimanche. Tout étant ordonné et préparé, le fermier fait rentrer tout le monde pour qu'ils se parent de leurs habits de fête.

Pendant cette scène Walther a épié à plusieurs reprises le moment de pouvoir placer ses affidés pour exécuter son enlèvement; voyant la place libre, il arrive suivi de ses hommes, il leur montre les endroits où ils doivent se tenir cachés, en leur recommandant de ne paraître qu'au signal convenu, et leur donne quelques pièces d'or; chacun sort de son côté, et Walther retourne au château.

Scène xiv.

Nathalie revient avec les jeunes filles qu'elle a été chercher. Zug et Karll arrivent avec les musiciens; le fermier et la fermière sortent de la ferme avec plusieurs paniers remplis de fleurs, que l'on distribue aux jeunes filles qui vont avec Nathalie au-devant du seigneur.

Scène xv.

Une marche champêtre annonce l'arrivée de milord Rewena et de son épouse, accompagnés de leurs amis et d'Oswald, qui est à côté de sa sœur; ils sont devancés par les musiciens et les jeunes compagnes de Nathalie.

Les villageois expriment leur allégresse en faisant voltiger leurs chapeaux en l'air. Milord Rewena et son épouse remercient le fermier et la fermière, qui ont été au-devant d'eux pour les recevoir, de l'agréable réception qu'ils leur ont préparée; miladi Rewena distribue de petits cadeaux à toutes les jeunes filles et à Henriette; elle passe une chaîne d'or au col de Nathalie, sa filleule.

Pendant cette scène Oswald a cherché tous les moyens de se trouver près de Nathalie, mais cette dernière s'éloigne toujours de lui avec vitesse.

Nathalie et ses compagnes, heureuses des beaux cadeaux qu'elles viennent de recevoir, témoignent offrant des fleurs à leurs bons seigneurs. Nathalie les rassemble toutes en un seul bouquet et va les présenter à milord Rewena et à sa femme, qui se trouvent en un instant entourés de fleurs, ce qui forme un tableau général.

Oswald a contenu avec peine l'émotion qu'il a éprouvée à la vue des charmes que Nathalie a déployés dans sa danse; il a fait signe à Walther d'être exact à exécuter son projet avec diligence et fidélité.

Un chasseur vient avertir les maîtres que le déjeuner est prêt; toute la société se rend au pavillon, et les villageois dansent pendant leur repas. Le déjeuner terminé, milady Rewena ordonne le départ pour la chasse, en faisant ses adieux à tous ces braves gens qui l'entourent et l'accompagnent jusqu'aux pieds des montagnes, par où les chasseurs et les seigneurs sortent.

Bettemberg et sa femme font leurs adieux à tous les villageois, et les invitent à la noce d'Henriette et de Karll : ceux-ci les remercient, en les assurant qu'ils n'y manqueront pas; ils se retirent chacun de leur côté.

Le fermier engage Karll à rentrer à la ferme pour terminer les articles du contrat ; la fermière donne ordre à Nathalie et à Henriette d'aller au pavillon, de ranger tout avec soin, et de le fermer ensuite.

Scène xvj.

Walther, qui a feint de suivre les chasseurs, revient sur ses pas, et se tient caché pour saisir le moment favorable à l'enlèvement. Zug, qui sait que Nathalie débarrasse le pavillon, va pour l'aider: celle-ci, avec sa sœur, veulent le renvoyer, ensuite elles consentent à ce qu'il porte tout à la maison; de sorte qu'elles le chargent comme un mulet en se moquant de lui. La fermière paraît sur le seuil de la porte de la ferme, appelle Henriette, qui se montre à l'une des fenêtres du pavillon : sa mère lui dit de venir signer les articles de leur contrat de mariage; Henriette, toute joyeuse, quitte sa sœur Nathalie en disant qu'elle va revenir aussitôt, et court à la ferme.

Nathalie ayant tout mis en ordre dans le pavillon ferme les fenêtres; mais Walther, qui est toujours resté aux aguets, la voyant seule, se présente à elle, la supplie de l'écouter, l'engage à le suivre en lui disant qu'elle sera bien heureuse. Nathalie, indignée de cette apparition comme de ses propos, le repousse avec indignation. Walther, voulant profiter du moment favorable, va pour se saisir d'elle. Nathalie, s'en apercevant, se dégage de ses bras et s'échappe du pavillon, espérant rentrer à la ferme; mais le signal est donné par Walther, et elle trouve tous les passages fermés; ses efforts et la frayeur qu'elle a éprouvée si subitement l'ont fait évanouir; elle tombe dans les bras de ses ravisseurs qui l'enlèvent rapidement et avec légèreté sans être aperçus de personne de la ferme.

Scène xvij.

Zug, ne voyant pas revenir Nathalie, va au-devant d'elle; mais à peine a-t-il fait quelques pas du côté du pavillon qu'il trouve à ses pieds la chaîne d'or qu'elle avait reçue de milady Rewena. Il regarde de tous côtés, et, ne l'apercevant pas, il entre dans le pavillon. Walther revient sur ses pas pour chercher la chaîne que Nathalie a perdue, quand il la voit dans les mains de cet imbécile de Zug; certain qu'il va donner l'alarme et avertir tout le monde qu'il ne trouve pas Nathalie, il ne sait d'abord que faire; quand il le voit entrer dans le pavillon, aussitôt il s'imagine de l'enfermer sans être découvert, et disparaît en jetant la clef au bas de la montagne.

Zug, se trouvant enfermé, cherche de tous côtés le moyen de sortir et regarde qui a pu lui jouer ce tour. Il croit un moment que ce pourrait être Nathalie; mais, ne la voyant pas paraître, il commence à faire un tel vacarme que tout le monde sort de la ferme pour en connaître la cause. On est fort étonné de voir Zug à la fenêtre du pavillon; celui-ci demande qu'on lui ouvre : on court à la porte, on ne trouve pas de clef. Zug, furieux, s'élance par la fenêtre et raconte qu'il a été renfermé, et qu'il a trouvé la chaîne d'or de Nathalie.

La douleur se peint sur toutes les figures; on ne peut comprendre comment d'un moment à l'autre elle a pu disparaître. La consternation est générale :

les garçons de la ferme se dispersent de tous côtés pour aller à son secours; Bettemberg pense qu'il faut informer milady Rewena de son malheur; il conjure à cet effet tout le monde de ne pas l'abandonner, et de l'accompagner : il court du côté où milord Rewena, son épouse et tous les chasseurs sont sortis.

FIN DU PREMIER ACTE.

ACTE DEUXIÈME.

Le théâtre représente un élégant cabinet dans le château de milord Rewena. Il est censé communiquer à l'appartement qui a été assigné à Oswald par son beau-frère. Au fond, un peu sur la gauche, une large draperie qui cache une espèce d'alcove; à droite, une fenêtre, et sur le côté une porte d'entrée.

―――

Scène I.

Oswald et Walther arrivent suivis des hommes qui portent la jeune laitière toujours évanouie; Oswald leur recommande la plus grande attention, en leur disant de la déposer sur une espèce de sopha placé jusqu'au milieu du cabinet; il congédie tous les hommes après les avoir largement récompensés, et fait retirer Walther derrière le rideau.

Resté seul, Oswald s'approche de Nathalie, la

contemple avec admiration ; mais la longueur de son évanouissement commence à l'inquiéter. Il court au rideau, et se fait apporter par Walther un flacon de sels qu'il lui fait respirer. Nathalie donne quelques signes d'existence ; Oswald se réjouit et se retire derrière les draperies de l'alcôve pour la laisser revenir à elle-même, surveillant tous les mouvemens de sa chère Nathalie. Elle sort peu à peu de son abattement, examine avec une surprise mêlée de crainte le lieu où elle se trouve. Tant de richesse confond ses idées. Elle cherche à se rappeler comment elle peut être dans un lieu aussi séduisant ; la mémoire lui revient par degrés ; elle se souvient de la violence qu'on a employée pour l'arracher à ses parens, elle ne songe plus qu'à trouver le moyen de s'échapper. En passant devant un miroir, elle est saisie de frayeur ; elle croit que quelqu'un est dans le cabinet avec elle ; mais, reconnaissant son erreur, elle finit par se regarder avec plaisir. Apercevant la porte, elle manifeste du dépit de la trouver fermée ; enfin, voyant les draperies, elle s'en approche légèrement. Oswald la voyant venir à lui se retire tout-à-fait ; Nathalie écoute, rien ne se fait entendre. Elle ose la tout à coup, lui laisse voir avec effroi Oswald placé au milieu de l'alcôve; elle court se cacher derrière le dossier du sopha, joignant ses mains et suppliant de ne pas l'approcher; toutefois, n'entendant aucun bruit, elle avance la tête, croit voir Oswald, et se retire promptement; mais son immobilité la rassure, et peu à peu elle vient plus près, et se hasarde à le toucher, folâtre autour de lui, et, ayant machinalement posé sa main sur son cœur, paraît fâchée de ce qu'il ne bat pas; elle s'éloigne et va s'asseoir sur le sopha en le boudant. Oswald, pendant sa bouderie, s'avance et place dans la main d'une statue un bouquet; mais le bruit la fait retourner avec promptitude. Ce bouquet l'étonne; elle cherche à expliquer un pareil événement; elle pense ne l'avoir pas vu d'abord, s'en saisit et danse. Oswald profite du moment d'allégresse où se trouve Nathalie pour enlever la statue et se mettre à sa place.

Nathalie retourne à lui, et, le croyant toujours le même, se divertit en lui plaçant le bouquet de plusieurs manières; mais, se sentant fatiguée, elle se repose aux pieds d'Oswald. Cette position excite ce dernier à exprimer ce qu'il éprouve; elle croit apercevoir ses gestes, se relève effrayée; mais Oswald a repris son attitude : elle se rassure et va lui ôter le bouquet de dessus la tête, trouvant qu'il serait mieux placé à sa boutonnière; mais, en s'approchant de lui, elle sent battre son cœur, elle s'étonne et se réjouit d'un pareil prodige, et dans l'innocence de ses sensations se livre à la joie. Alors Oswald, ne pouvant plus long-temps supporter l'excès de son amour, s'élance à ses pieds. Nathalie, hors d'elle-même, saisie de crainte, se met à genoux en face d'Oswald et le prie de la sauver. Il la rassure, et parvient à se faire écouter sans crainte; il lui demande sa main, elle la lui refuse, et finit par céder à ses propres sentimens.

Un grand bruit, qui se fait entendre à la porte, suspend leurs expressions d'amour.

Scène ij.

On frappe à coups redoublés; Oswald court ouvrir. Milord Rewena et son épouse paraissent suivis du fermier, de la fermière et de tout le village.

Milord Rewena fait connaître à son beau-frère tout son mécontentement d'un pareil procédé, et lui demande de quelle manière il pourra se justifier.

Oswald témoigne son repentir, et dit que l'excès de son amour est sa seule excuse. Milord Rewena, peu satisfait, lui en demande raison et veut se retirer. Oswald lui répond qu'il lui donnera une réparation; mais, avant tout, il veut lui faire connaître quelle sera sa conduite; et, se tournant vers le père de Nathalie plongé dans la plus grande douleur, il lui demande la main de sa fille. Chacun reste étonné. Milord Rewena et son epouse, ainsi que tout le monde, lui font répéter ses paroles. Oswald renouvelle sa demande avec toute la force que l'amour lui inspire.

Nathalie est confuse. Milady Rewena lui demande

si elle cède aux vœux de son amant. Elle répond avec naïveté qu'elle y consent. La joie se peint sur tous les visages. Milady Rewena remet Nathalie entre les mains de son frère. Bettemberg approuve cette union en les recevant dans ses bras.

Zug peint son désespoir d'être privé de ce qu'il aime; mais Karll le tranquillise. Milady Rewena propose d'aller à la ferme se réjouir de cet heureux dénouement, ce qui est approuvé de tout le monde. Milord Rewena fait partir quelques villageois pour tout préparer; mais Zug ayant repris sa bonne humeur, puisqu'il ne voit plus d'autre remède à ses peines, se propose de tout ordonner lui-même.

Tout le monde étant satisfait et heureux, on part pour se rendre à la ferme. Aussitôt le théâtre change et représente la décoration du premier acte.

Le ballet se termine par des danses variées, auxquelles tout le monde prend part.

TABLEAU.

FIN DU DEUXIÈME ET DERNIER ACTE.

www.ingramcontent.com/pod-product-compliance
Lightning Source LLC
Chambersburg PA
CBHW060544050426
42451CB00011B/1803